AF357186

LETTRE

DE MONSIEUR L * * *

ANCIEN AVOCAT EN PARLEMENT,

A M. Surbled, a Paris,

Sur l'Histoire Generale des Voyages,

Et sur le Voyageur François.

MONSIEUR,

En faisant l'acquisition des 17 volumes de l'Histoire des Voyages que vous m'avez fait tenir, je me reposois dans l'attente de la Continuation annoncée par l'Avis du Libraire de Paris, entre les mains de qui ce grand ouvrage a passé; mais on me dit, il y a quelque tems, qu'il avoit été prévenu, & qu'il paroissoit deux volumes de cette continuation, sous le titre du *Voyageur François*. Je m'informai, de nos Libraires de Lyon, si ce Livre leur étoit parvenu, & je n'eus rien de plus pressé que de m'en procurer un exemplaire.

L'Auteur présente son ouvrage comme un *Supplément* à celui de l'Abbé Prevost; il prétend même que son projet est plus étendu. » Le Voyageur François, dit il, en

A

» portant dans ses Voyages le flambeau
» de la Philosophie & de l'observation, y pui-
» se des connoissances utiles qu'il commu-
» que à ses concitoyens. Tous les objets
» faits pour exciter la curiosité d'un lecteur
» philosophe, les loix, les mœurs, les usages,
» la Religion, le Gouvernement, le Com-
» merce, les Sciences, les Arts, les modes,
» l'habillement, les productions naturelles,
» en un mot, la connoissance de tous les
» pays & de toutes les nations de l'univers,
» en commençant par les peuples de l'Asie,
» font la matiere de toutes ses lettres.

Le flambeau de la philosophie & de l'obser-
vation, &c.: tous les objets faits pour exciter
la curiosité du lecteur philosophe &c. voilà
sans doute de grands mots, & ce qu'on
peut nommer le jargon du tems, où tout est
philosophie, tout est philosophe.

Mais l'Auteur, qui m'est encore inconnu,
n'a donc trouvé ni lueur de philosophie, &
d'observation, ni détails sur la Religion, le
Gouvernement, les mœurs, le Commerce,
l'Histoire naturelle, &c. dans tout l'ouvrage de l'Abbé Prevost? Ou plutôt il ne l'a
donc jamais lu, & n'en parle ici qu'au ha-
zard? car s'il l'a lu, peut-il ignorer que tous
les objets qu'il prétend embrasser font préci-
sément la matiere des différentes Relations
qui composent l'Histoire des voyages? &

comment peut-il dire que son projet est plus étendu que celui d'un Ecrivain qui nous a laissé 16 volumes in-4°?

Que l'Abbé Prevost, pour s'être d'abord assujetti à n'être que le Traducteur des Anglois, ait suivi, dans les premiers tomes de son ouvrage, un plan vicieux qui l'ait engagé, malgré lui, dans plusieurs répétitions; qu'il en ait résulté de la confusion dans quelques détails, & quelquefois de la prolixité dans son style : cela provient du peu de méthode & de critique que les Auteurs de la collection originale avoient mis dans ces premiers volumes. Mais cet Ecrivain me paroît avoir bien réparé ces défauts dans les volumes suivans, & surtout dans les tomes 12, 13, 14 & 15, qui renferment la description de l'Amérique.

L'objet des Auteurs Anglois étoit de faire un ouvrage qui pût tenir lieu de l'impossible & dispendieuse collection de tous les voyages faits dans les différentes parties du Globe, collection qui n'est peut-être complette dans aucune bibliothèque de l'Europe. Quoiqu'ils ayent préféré l'ordre chronologique au géographique, ils n'ont jamais prétendu, sans doute, publier de suite & sans choix toutes les relations qu'ils pourroient connoître, mais seulement celles qu'ils trouvoient les plus intéressantes

& les plus exactes. On fçait que l'Abbé
Prevoſt ne recevoit que feuille à feuille les
volumes de l'ouvrage Anglois qu'il tradui-
ſoit à meſure, & que l'empreſſement du
public, impatient de jouir de cette traduc-
tion, ne lui laiſſoit pas le loiſir de corriger
tout ce qu'il voyoit de défectueux dans l'o-
riginal. Mais quand il n'a plus été ſimple traducteur, & qu'au lieu de ſuivre pas à pas
les Auteurs Anglois, il s'eſt rendu maître
de ſa matiere, il a mis beaucoup plus d'ordre, de préciſion & de ſoin dans tout ce
qu'il a fait ſur ſon propre plan.

L'Auteur du *Voyageur François* nous
dit, que l'ouvrage de l'Abbé Prevoſt n'eſt
point achevé, qu'il y manque la collection
des Voyages de terre, & que c'eſt par ces
Voyages de terre qu'il commence ſon prétendu Supplément : on peut donc juger par
ces deux premiers tomes comment il rem-
plira cet objet.

Je les ai lus, Monſieur, très exactement,
& qu'ai-je trouvé dans ces deux volumes ?
quelques deſcriptions de lieux, de con-
trées, de villes ou de peuples d'Europe,
d'Afrique & d'Aſie, ſans préciſion Géographique, ſans nulles poſitions ; c'eſt-à-di-
re, de ſimples extraits de Voyages, dont l'en-
ſemble peut tout au plus être regardé comme une table de l'Hiſtoire des Voyages plus

raifonnée ou plus étendue que ne font les tables ordinaires. *Le Voyageur François*, qu'on pourroit appeller le *Galant Coureur*, part comme un éclair de Marſeille ; paſſe la Méditerranée ; fait ſa premiere caravane dans l'iſle de Chypre, *l'ancien Domaine de Venus*; prend terre en Syrie, y fait quelques courſes ; vole en Egypte ; de-là dans les Etats Barbareſques ; puis en Gréce, puis en Turquie ; franchit la mer Noire ; contemple à vue d'oiſeau la Georgie, la Mingrelie, l'Armenie ; rabat ſur la Perſe ; voltige dans les trois Arabies, & finit par la Paleſtine. Voilà bien du pays de battu, & pas une relation ſuivie, ou tant ſoit peu ſatisfaiſante pour un véritable curieux. A la rapidité de toutes ces courſes, je me repréſente le Roger de l'Arioſte ſur l'Hipogryphe, voyageant comme les hyrondeles, & voyant tout le monde en gros : *Di ſotto rimaner vede ogni cima.* *

Je ne ſçais s'il y a de l'adreſſe à ne préſenter de cette maniere que des traits curieux & rapides, comme le dit, ſans doute ironiquement, l'Auteur de *l'Année Littéraire.* Mais puiſque ce Critique obſerve que *l'on eût pu ſe diſpenſer de couper les récits par des réflexions familieres, & ſouvent aſſai-*

(*) Orlando furioſo , cant. IV.

sonnées de mauvaises plaisanteries, a - t - il mieux goûté ces galanteries fades & de vieux ftyle dont le Voyageur croit égayer fes tableaux, & qui n'about'ffent qu'à leur donner un air Romanefque? N'a-t-il pas remarqué d'ailleurs tous les vuides que cette forme épiftolaire fait dans le contexte des recits, tout le verbiage inutile dont elle les furcharge? Ne font-ce que des traits découfus, qu'un lecteur philofophe, & qui veut s'inftruire du moins autant que s'amufer, cherche dans la lecture des Voyages?

Si vous me dites, que le nouveau Voyageur ayant écrit, comme on ne le voit que trop, pour les lecteurs fuperficiels, qui ne font pas le plus petit nombre, il paroît avoir atteint fon but, j'aurai deux réponfes à vous faire. 1°. Quand un Ecrivain veut être frivole, ou feulement effleurer les matieres, il ne doit donc pas annoncer faftueufement qu'il écrit pour des lecteurs philofophes, puifque ceux-ci ne veulent que des faits, & n'ont befoin ni des réflexions ni des gentilleffes du conteur. 2°. Lorfqu'on entreprend d'amufer, même en inftruifant, ou aux dépens de l'inftruction, il faut en avoir le talent, & quand on n'a pas l'efprit de Chapelle ou de Bachaumont, avoir le bon fens de Bernier.

Vous n'attendez pas de moi, Monfieur, une critique en forme d'un pareil ouvrage :

cette entreprife excéderoit les bornes de ma patience & de mon loifir. Il fuffit de vous dire en général, qu'il y a peu d'articles où l'on n'ait à reprocher à l'Auteur , foit des omiffions plus intéreffantes qu'une partie de fes détails, foit des faits inexacts & peu fûrs. Si cet Ecrivain a puifé quelque fois dans de bonnes fources, il en a choifi fouvent de très mauvaifes, telles que cette Relation des Drufes, où il eft parlé du Phœnix comme d'un animal exiftant. L'Auteur, en un mot, peut avoir le rare talent de compiler , mais il n'a pas la moindre idée de critique.

Le *Voyageur François*, Monfieur , n'eft donc rien moins qu'un fimple effai de fupplément ou de fuite à l'intéreffante Hiftoire des Voyages. C'eft une pure dérifion, c'eft fe moquer du Public , que de lui préfenter des extraits ou des fragmens de relations pour un corps d'ouvrage. C'eft comme fi l'ingenieux Auteur du curieux Recueil d'Anecdotes , qui a pour titre, *Ecole Militaire*, avoit prétendu donner cette compilation , faite par ordre du Gouvernement, pour une Hiftoire Militaire.

Je regretterois toute ma vie, avec tous les amateurs que je puis connoître, que l'ouvrage de l'Abbé Prevoft reftât imparfait ; mais vous m'avez bien raffuré , en m'apprenant que le Libraire , poffeffeur actuel de cette excellente collection, a férieufement réfolu de nous en procurer la fuite; que cette continuation eft même commencée ; qu'un homme de Lettres très-connu, mais que vous ne me nommez point, eft chargé de ce grand travail, & qu'il paroîtra inceffamment un *Profpectus* bien détaillé de cette Continuation.

Je l'attend, Monfieur, avec le même empreffement que je reçois vos lettres, & j'ai l'honneur d'être,

Votre très-humble & très-obéiffant Serviteur
*L * * * * ancien Avocat en Parlement.*

à Farins, près de Lyon, le 3 Juillet 1765.

P. S. Je vous prie de rendre ma Lettre publique, & de la faire inférer dans les Journaux, afin que l'on foit détrompé fur le Voyageur François, & qu'on jouiffe de l'efpérance que vous voulez bien me donner d'une véritable continuation de l'Hiftoire des Voyages.